পথিক

Tapan Kumar Banerjee

BlueRose ONE.com
Stories Matter
NewDelhi • London

BLUEROSE PUBLISHERS
India | U.K.

Copyright © Tapan Kumar Banerjee 2024

All rights reserved by author. No part of this publication may be reproduced, stored in a retrieval system or transmitted in any form or by any means, electronic, mechanical, photocopying, recording or otherwise, without the prior permission of the author. Although every precaution has been taken to verify the accuracy of the information contained herein, the publisher assumes no responsibility for any errors or omissions. No liability is assumed for damages that may result from the use of information contained within.

BlueRose Publishers takes no responsibility for any damages, losses, or liabilities that may arise from the use or misuse of the information, products, or services provided in this publication.

For permissions requests or inquiries regarding this publication, please contact:

BLUEROSE PUBLISHERS
www.BlueRoseONE.com
info@bluerosepublishers.com
+91 8882 898 898
+4407342408967

ISBN: 978-93-5989-462-1

Cover design: Shivam
Typesetting: Namrata Saini

First Edition: February 2024

This book is dedicated to

my wife Late Mrs Shubhra Banerjee

Acknowledgement

আমার লেখা পুস্তক আকারে বের হবে ভাবিনি কোনোদিন। এটা সম্ভব হয়েছে যার উদ্যোগ ও উৎসাহে সে হলো আমার পুত্র শ্রীমান মিতদ্রু ব্যানার্জী। আমার পুত্রবধু শ্রীমতি অন্তরা ব্যানার্জীর প্রচেষ্টাও উল্লেখযোগ্য। সে এই পুস্তকের প্রচ্ছদটি কেমন হবে সেটা করে দিয়েছে।

এখানে বিশেষ ভাবে উল্লেখ করতেই হবে আমার স্বর্গীয় স্ত্রী শ্রীমতি শুভ্রা ব্যানার্জীর কথা। যাঁর উৎসাহে আমার সাহিত্য চর্চা ও লেখালেখি শুরু হয়। তিনি প্রথিষ্ঠিত লেখকদের লেখার সাথে আমাকে পরিচয় করিয়েছিলেন এবং কোনো লেখা কি ভাবে ব্যাখ্যা করতে হবে ও ভাবতে হবে সেটা শিখিয়েছিলেন। তিনি যে বীজটি রোপন করে গিয়েছিলেন তারই ফলে এই পুস্তক।

এছাড়া বিশেষ ভাবে ধন্যবাদ জানাতেই হবে আমার প্রকাশক BLUE ROSE কে যিনি এই লেখা পুস্তক আকারে প্রকাশ করতে রাজি হয়েছেন।

সূচক

1 শুভকামনা 1
2 আমি 2
3 অবিন্যস্ত 3
4 ঘুম চোর 4
5 অন্তরাত্ম্যা 5
6 টাক 6
7 স্মৃতি 8
8 কবিদের 10
9 ভক্তিমূলক 11
10 কবির দল 12
11 চির ভিখারি 13
12 বিভূতি 14
13 ঝুমুর- (১) 16
14 ঝুমুর- (2) 17
15 হিমেল সকাল 18
16 বিবশ প্রেম 19
17 ভক্তি গীতি 20
18 খুঁজে ফেরা 21
19 নিজেকে 22
20 নিশি ঘুম 23
21 কি কান্ড 24
22 মধ্য রাতের বৃষ্টি 26
23 প্রভু 27
24 মন 29
25 বর্ষার রাত 30
26 রাত নিঝুম 31
27 বিকেল 32

28 প্রভাত	33
29 ঘুম	34
30 অপেক্ষা	35
31 বিয়ের আগে পরে	36
32 ভোর বেলা	38
33 সুখের স্মৃতি	39
34 পুজোর গন্ধ	40
35 শুধু আলো	41
36 চিরন্তন	42
37 ভেজা রাত	43
38 টুকরো স্মৃতি	45
39 বৃষ্টি ভরা রাত	46
40 আজগুবি	47
41 প্রেম কেমন	49
42 উচ্চ ভাবনা	51
43 সেই পরীটা	52
44 ছন্দে বাঁধা	54
45 সেই তারাটি	55
46 রাজার ইচ্ছা	56
47 প্রেম	58
48 ব্যাঙের বিয়ে	59
49 সকালের সূর্য	61
50 চাঁদের গ্রহণ	62
51 মিষ্টি সকাল	63
52 কালবেলা	64
53 উমার ঘরে ফেরা	65
54 গোলক ধাঁধা	66
55 পাহাড়ের ডাকে	67
56 মৌটুসি মন	69
57 জীবন পদ্ম	70
58 জীবন	71

59	আসছে ভীষণ ঠান্ডা	72
60	একাকী শরতসন্ধ্যায়	73
61	শিউলির দুঃখ	75
62	শব্দ	76
63	সকাল বেলা	78
64	আমার তোমার দুর্গা	80
65	শরতের খেলা	82
66	এখনও বাদল ঝরে	84
67	মনের মানুষ	85
68	শুধুই বৃষ্টি	86
69	চাঁদের সরণ	88
70	সেই পাখিটা	90
71	তুমি (1)	92
72	এক টুকরো শরৎ	94
73	ভূতের বাসা	96
74	আনন্দ - বিষাদ	98
75	ঘুড়ির মেলা	99
76	মিলন মেলা	100
77	কৈলাশ পর্বত	101
78	ভূত চতুর্দশী	103
79	ভেদাভেদ	104
80	স্বপন পরীরা	106
81	গোলকধাঁধা	107
82	জলবালিকা	108
83	ভীষণ সেকেলে	109
84	তুমি (2)	110
85	সুখ ও স্বপ্ন	111
86	ধ্রুবতারা	112
87	তরীখানি	114
88	আজকের দেবভূমি	115
89	হলদেটে স্মৃতি	116

90	ক্লান্ত	117
91	জীবন গণিত	118
92	বিরহ মিলন	119
93	জীবন সাঁকো	120
94	বাঙালির খ্রীষ্টমাস	122
95	ভোরের বেলা	123
96	শুধুই কল্পনা	124
97	জীবন নদীর বাঁকে	125
98	গোধূলি লগনে	127
99	রংচটা স্মৃতি	128
100	বালুচরে	129
101	ঝর্না	130

1 শুভকামনা

শুভ কামনা জানাই তোমায়
রঙিন ফুলের তোড়ার সাথে
নানা রঙের ছোয়া লাগুক
জীবন চলুক রঙিন পথে।

হাসি খেলার জীবন নিয়ে
চলুক সবাই মিষ্টি সুখে
কষ্ট গুলো জীবন থেকে
চেষ্টা চলুক রাখতে পিছে।

রামধনুর ওই রঙিন ছায়া
আসবে যাবে মনের মাঝে
একটু খানি যত্ন নিও
থাকবে যে জন তোমার কাছে।

মিষ্টি সুধা অনুভূতি
সবার মাঝে নাই বা এলো
তাই বলে কি থাকবো বসে
জ্বালবো না কো জ্ঞানের আলো।

****

2 আমি

কেমন আছি, দেখতে কেমন?
জানতে চায় যে মোর সুজন।
মন্দ নয় ভালোই আছি
একটু শুধু বেঁকে গেছি।

দিন কাল কি সেরকম আছে
সময়ের স্রোতে ভেসে গেছে।
চোখে চশমা টাকলু বুড়ো
দাদু ডাকে কেউ, কেউ বা খুড়ো।

ফোকলা দাঁতে হাসলে পরে
টোল খেলে যায় সুন্দর গালে।
এখনো আমার হাঁটার ফলে
আওয়াজ ওঠে (লাঠির) মেঝের পরে।

এই ভাবেই চলছি আমি
জীবন পথের পথিক হয়ে
ঘুমিয়ে যাবো পথের বাঁকে
এক দিন খুব ক্লান্ত হয়ে।

****

3 অবিন্যস্ত

বহুদিন পরে দুয়ার খুলে বারান্দায়
অপরাহ্ন, আকাশের গায়ে কয়েক টুকরো
কালো মেঘ পরস্পরকে জড়িয়ে আছে,
দূরে শুখনো গাছের মগ ডালে
আধ খানা সূর্য ঝুলছে।

হটাৎ দখিনা বাতাস হাঁটু মুড়ে
ঘরে ঢুকে পড়লো
এলো মেলো চারিদিক বিছানা পত্তর।

তোমার সবুজ আকাশে কয়েক টুকরো
কালো মেঘের টান
বৃষ্টিতে ভেজা মাটির সোঁদা গন্ধে
ভরে গেছে চারিদিক।

ধীরে ধীরে সন্ধ্যা নামে বাঁশবনের ডগায়
শ্রান্ত ক্লান্ত প্রকৃতি
অবিন্যস্ত তাই।

****

4 ঘুম চোর

নিজেকে সুপ্রভাত জানিয়ে উঠেছি ভোরে
সকাল হতে আরো কিছুক্ষণ বাকি।
ঘন কুয়াশায় ঘেরা চারিদিক
আধখানা জানালা দিয়ে মেরে যায় উঁকি,
চাদর জড়িয়ে শুয়ে আছে ঘুমন্ত চৌকাঠ।

স্বপ্নেরা আশা যাওয়া করেছে সারারাত
আবছা নীল মাঠে নীল পরীদের মেলা
পাশ দিয়ে বয়ে যায় অজগরের চেলা।
রাত জাগা পাখিদের ডানা ভাঙা শব্দে
ঘুম ভেঙে প্রকৃতি জেগে ওঠে প্রভাতে।

নদী দিয়ে ঘুম জল বয়ে যায় বহুদূর
স্বপ্নের নৌকাটি ভেসে যায় সাথে।
সাঁকোর উপরে দাঁড়িয়ে ছিলে তুমি ঘুম চোর
হাত বাড়ালাম ছুঁতে তোমায়
পেরেছি কি ছুঁতে তায় ?
জানি না, জানতে দাওনি আমায়
তুমি, তুমিইইই ঘুমচোর।

****

5 অন্তরাত্ম্যা

আমারি কাননে এতো ফুল ফোটে
নানা রঙে নানা গন্ধে
তবু সে বেভুল ফিরে চলে যায়
কেন সে কিসের দ্বন্দ্বে।

তাই মালাটি গেঁথে দিতে যাই গলে
বিস্ময়ে দেখিনু আমি
সে মালাখানি দুলিতেছে গলে
অশ্রু আসিল নামি।

চরণ ধরিয়া পূজিবো তোমায়
কেন ছেড়ে যাও মোরে
হেসে বলো তুমি যাইনি ছাড়িয়া
আছি সদা অন্তরে।

****

6 টাক

ধরার পরে টাকের মেলা
দেখবি যদি আয়
কতো রকম টাক যে আছে
মনে রাখা দায়।

সামনে কারো আধখানা চাঁদ
পিছন ভরা চুল
কারো আবার চারদিকে পাড়
মাঝে সুইমিং পুল।

কারো আবার দুপাশ দিয়ে
ঢুকে গেছে খাঁড়ি
তবুও তারা আনন্দেতে
রোজই কাটে টেরি।

করো কানের দুপাশেতে
থাকে গুটিক কতো
ঠিক যেন ভাই গাড়ির চাকার
মাড গার্ডেরই মতো।

কারো আবার সামনে ফাঁকা
পিছনে কয়েকটি ছাড়া
প্রেমের টানে টাকের সাথে
ঝুলে থাকে তারা।

কারো আবার মাঝখানেতে
আটকে থাকে কটা
ঠিক যেন ভাই মরু মাঝে
ফনী মনসার কাঁটা।

কারো আবার কিচ্ছুটি নেই
ধূ ধূ প্রান্তর
চকচকে টাক আছে তাদের
দেখতে সুন্দর।

টাকের মধ্যে এরাই রাজা
রাজ দণ্ড ধরে
চকচকে টাক তাই তো ভাই
রাজ্য শাসন করে।

টাকের মাঝে এদেরই শুধু
দূর থেকে যায় চেনা
চুলের কাছে একটুও তাই
নেইকো এদের দেনা।

****

7 স্মৃতি

কত রকম স্মৃতি থাকে
মনের রঙিন পাতায়
সেগুলো সব পড়লে মনে
কান্না হাসি জাগায়।

শরৎকালের নীল আকাশে
পেঁজা তুলোর ভেলায়
পিছন পানে ছুটতে থাকি
আমার ছেলে বেলায়।

কাশের বনে ঢেউ খেলে যায়
পুজোর গন্ধ আনে
সেই সব কথা পড়লে মনে
বড়োই মন টানে।

হেমন্তের শুরু থেকেই
গাছের পাতা খসে
দেখতে থাকে দাঁড়িয়ে তারা
দুঃখে তারা ভাসে।

চলতে গেলে শুখনো পাতায়
ওঠে মর্মর ধ্বনি
পিছন পানে তাকিয়ে দেখি
দাঁড়িয়ে আছো তুমি।

অঘ্রানেতে নবান্ন আর
পিঠে পুলির গন্ধে
থাকতো ভরে সারাটা দিন
সকাল থেকে সন্ধ্যে।

তার পর -
চোখে রঙিন চশমা পরে
চলতে থাকি জীবন পথে
নানা রঙের স্বপ্ন গুলো
ভাসতে থাকে মনের সাথে।

তার পর -
নীল আকাশ ক্রমে হয়েছে ধূসর
পশ্চিম আকাশে সূর্য যায় অস্তাচলে
চোখের মণিগুলোয় পড়ে বলিরেখা
পিছনটা দেখা যায় সামনে ধোঁয়াশা।

****

৪ কবিদের

বিভিন্ন ধরণের কবিতা গুলি
লাগে আমার ভালো
নানা ধরণের ভাব প্রকাশে
জ্বালায় মনের আলো।

কবির মন প্রকাশ পায়
তাদের নানা লেখাতে
নানা রকম ভাবনা থাকে
তাদের রঙিন ঝুলিতে।

প্রকৃতির মাঝে থাকে তারা
লিখতে থাকে মন খুলে
সুন্দর সব মালা গাঁথে
নানা রঙের ফুল তুলে।

মাঝে মাঝেই দুঃখ যে পায়
সমাজের কিছু ভুল চালে
তখন তাদের কবিতাতে
কেবল শুধুই আগুন জ্বলে।

****

৭ ভক্তিমূলক

জীবনে যাহা শুভ দিয়েছো মোরে প্রভু
বুঝিতে পারি নি তা বুঝিনি তো কভু।

খুঁজেছি কত তোমায় মঠেতে মন্দিরে
পাইনি তব দেখা আছো যে অন্তরে।

তোমারই কৃপা প্রভু দিয়েছো হাত ভরি
প্রয়োজন নেই ভেবে তবু নাওনি কিছু কাড়ি।

জানিনা লীলা তব বুঝিতে নাহি পারি
কাঙাল করেছো মোরে করেছো ভিখারি।

তাই তো তব পদে রেখেছি মনো প্রাণ
ক্ষমিও মোরে প্রভু করিও মোরে ত্রাণ।

****

10 কবির দল

চারিদিকে আঁকছে ছবি
স্বভাব কবির দল
তাই তো সমাজ স্বপ্ন দেখে
নাবে আনন্দের ওই ঢল।

যতো তারা জাগবে সাথে
সমাজেরই ভালো
অন্ধকার যাবে কেটে
ফুটবে মনে আলো।

আমরা যারা টানছি ঘানি
চোখে পড়া ঠুলিতে
তাদের লেখায় ভেঙ্গে ঠুলি
দেখবো নতুন আলোতে।

যতো তারা আঁকবে ছবি
নতুন রাঙা তুলিতে
সমাজের ঝুলি উঠবে ভরে
নিত্য নতুন ছবিতে।

****

11 চির ভিখারি

ভিখারি এ মন
শোনেনা বারণ
ভিক মাঙ্গে হেথা সেথা
তাই অনুখন খুঁজে যায় মন
যদি পায় তাঁর দেখা।

এ মন নিয়ে কি করি এখন
ঘরে থাকে না তো সদা।
পেলে তাঁকে রাখবো ধরে
চরণে রাখবো মাথা।

****

12 বিভূতি

আকাশের গা আজ ভালো নাই
চাদর জড়িয়ে সে বসে আছে তাই।
ঘুম নামে বহু দূরে সবুজের মাঝে
"আমি" কে হারায়ে আমি খুঁজি চারিদিকে
সবুজের বনে, ঘুরি মাঠে ঘাটে।

কতো পাখি গান গায় কতো কথা বলে
খুঁজেছি তাদের মাঝে, পাই নিকো তাঁকে।
কতো জনপদ ঘুরে এসেছি সাগরে
সুধাই তারে দেখেছো কী তাকে ?

ঢেউয়ের উচ্ছাসে, আবেগে, আবেশে
বারে বারে ফিরে আসে তীরের পাশে
খুঁজছে আমারি মতো হারায়েছে যাকে।
তাই সাগরের কাছ হয়ে
মরুভূমি পেরিয়ে এসেছি পাহাড়ে
এখনো পাইনি খুঁজে আমার "আমিরে"।

ক্লান্ত হয়ে বসে আছি পাহাড়ের গায়ে
মেঘ বালিকারা সব হামাগুড়ি দেয়।
পাইন গাছের বনে লেগেছে ঝোড়ো হাওয়া
ঝর্ণার জল যেন শুধু বয়ে যাওয়া।

ক্লান্তিতে চোখে মোর ঘুম আসে নামি
স্বপনেতে ধরা দেয় আমার সেই " আমি"।
গায়ে এতো ময়লা ছাই ভস্ম একি
হেসে সে উত্তর দেয় আমি "বিভূতি"।

****

13 ঝুমুর- (১)

অযোধ্যার ওই পাহাড়ে
ধামসা মাদল বাহারে
শিমুল মেহুল বুনেতে
নেশা লাগে মুনেতে
আমরা কেমুন লাচ্ছি এখন দেখো।

ঝিঙ্গা ফুলের সাঁঝেতে
মরদ ফেরে ঘরেতে
কাঁধে লিয়ে শিকারের ওই ঝোলা
ও নাগর এখন তু লাছবি আমার সাথে।

চাঁদের বুড়ি লিমে আসে
আমাদেরই ঘরের পাশে
ও নাগর তু আঁচল খানা
ধরলি কেনে বটে।

তু দাগা দিলি, কেনে দাগা দিলি সাদা মুনেতে
তু কলসি দড়ি দেরে এনে ঢুবে মুরবু আজ রাতে
সত্যি কুরে বুলছি বুরুং
উকে মনে লেগেছে,
তু দাগা দিলি সাদা মুনেতে।

****

14 ঝুমুর- (2)

শিমুল পলাশ বনেতে
রং ধরেছে মনেতে
আর কি মন ঘরে বসে থাকে,
ও থাকেরে
শরীরে মোর শিহরণ জাগে।

ঝিঙ্গা ফুলের সাঁঝেতে
মেহুল ফুলের বাসেতে
পরানে আজ নেশার ঘোর লাগে,
ও লাগেরে,
আকাশেতে পূর্ণিমা চাঁদ হাসে।

অনেক দিনের জানা শোনা
মরদ যে মোর রাত কানা
সঙ্গে সে মাদল নিয়ে নাচে,
ও নাচেরে,
পরানে মোর পিরিতি সুর বাজে।

****

15 হিমেল সকাল

রাত্রি শেষে দিক বলয়ে
সূর্য মারে উঁকি
ভোরের আলোয় প্রকৃতি ব্যাস্ত
আঁকতে নতুন ছবি।

ভোরের আলোয় নিজেকে রাঙিয়ে
বয়ে চলেছে নদী
দুপাশে তার ঘন জঙ্গল
ঘুম ভেঙে ওঠে জাগি।

গাছের ডালে পাখিদের দল
কলরবে তোলে তান
তাল গাছ খানি দাড়ায়ে একা
শোনে পাখিদের গান।

নদীর তীরে কত ফুল ফোটে
সোনা আলো গায়ে মেখে
সুবাসে সেথায় ভরে চারিদিক
তারা, মৌমাছিদের ডাকে।

প্রজাপতিরা রঙ্গিন শাড়িতে
ফুলের কাছে আসে
ভোরের বেলায় শীতল হাওয়ায়
মন চলে যায় ভেসে।

****

16 বিবশ প্রেম

অবশ বিবশ প্রেম
ঘুরে ফিরে আসে
রাত জাগা আঁখিতে
কত স্মৃতি ভাসে।

কত হাসি কত প্রেম
কত ছেলে খেলা
ফুটিতে দাওনি যে ফুল
করেছিলে হেলা।

আজ কেনো রাত জেগে
স্মৃতি বুকে আসে
নিদ্রাহীন চোখে আজ
তার মুখখানি ভাসে।

সে প্রেম অবুঝ ছিল
ছিল সে মেলায়
আজ কেনো তারে ডাকো
এই অবেলায়।

****

17 ভক্তি গীতি

এই জীবনে যত কিছু ভালো
যত কিছু সুন্দর
যতন করিয়া দিয়েছো ভরিয়া
মনেরই অন্দর।
তোমারে স্মরিয়া বসে আছি আমি
যদি তুমি দাও সারা
দিবাতে যদি না আসিতে পারো
স্বপনে দিও গো ধরা।

রাতের আঁধারে স্বপনের মাঝে
কহিব অনেক কথা
গবায়ান পথে আকাশের মাঝে
চাঁদ শুধু দেয় ধরা।
তোমাতে আমাতে কহিব যে কথা
শুনিবে না তা কেহ
মনের মাঝারে তোমার স্নেহের
পরশ খানি দিও।

****

18 খুঁজে ফেরা

পৃথিবীর যত সুন্দর কিছু
সবই হয়ে যায় ফিকে
তুমি যদি মোর পাশে না থাকো
সব কিছু লাগে মিছে।

আমার তাই প্রতিটি "আমি "
খুঁজে ফেরে চারিদিকে
খুঁজে ফেরে তাকে সকাল সন্ধ্যা
আমার প্রিয় " আমিকে "।

****

19 নিজেকে

রাত্রি এখন অনেক হলো
ঘুমিয়ে গেছে পাখি
তুমিও এবার ঘুমিয়ে পড়ো
বন্ধ করো আঁখি।

সুন্দর সব স্বপ্ন গুলো
আসুক তোমার চোখে
ভরে উঠুক রাত্রি তোমার
দারুন স্বপ্ন সুখে।

আকাশের চাঁদ চেয়ে থাকে শুধু
তোমার মুখের পানে
জোছনার পরী আসবে নেমে
স্বপ্ন সাথে আনে।

****

20 নিশি ঘুম

শিশিরে ভেজা শরতের রাত
হয়েছে অনেক ভারি
পূর্ণিমার চাঁদ আকাশের গায়ে
ভাসায়ে দিয়েছে তরী।

জানালার পথে জোছনা এসে
তোমার মুখেতে পরে
তারি আবেশেতে ঘুম নেমে আসে
তব চোখ দুটি জুড়ে।

তাই ঘুমিয়ে পড়ো স্বপ্নেরা সব
দুয়ারে রয়েছে বসি
শেষ রাতে যদি ঘুম ভেঙ্গে যায়
দেখিবে জাগিয়া আছি।

****

21 কি কান্ড

ঘুম থেকে উঠে দেখি
কি সব কান্ড
চারিদিকে ঝোড়ো হাওয়া
করে লন্ড ভন্ড।

ধীরে ধীরে দোর খুলে
আসি যেই দুয়ারে
প্রকৃতির তাণ্ডবে
মনে লাগে ব্যথা রে।

গাছ পালা ভেঙ্গে গেছে
নীড় হারা পাখিরা
কলরব করে তারা
পায় নাকো কিনারা।

ফুল সব ঝরে গিয়ে
ডাল গুলি ফাঁকা তে
চুপ করে দেখে তারা
ব্যথা লাগে মনেতে।

মাঠ ঘাট ভিজে গেছে
রাস্তায় কাদা রে
ভিজে গেছে সারমেয়
কাঁপে শুধু আহা রে।

সন সন ভিজে হাওয়া
চারিদিকে বইছে
সূর্যি মেঘে ঢাকা
মাঝে মাঝে জাগছে।

****

22 মধ্য রাতের বৃষ্টি

রিমঝিম করে বর্ষা নেমেছে
আজি এ আধেক রাতে
তারই সাথে আমি ছন্দ মিলিয়ে
সুর তুলি বেহালাতে।

টুংটাং করে জলতরঙ্গ
বাজছে টিনের ছাদে
বর্ষা রানী নাচছে আজ
পায়েতে নুপুর বেঁধে।

সেই সুরে সুরে ঘুম নেমে আসে
মোর আঁখি দুটি পরে
কখন যে তাই ঘুমিয়ে পড়েছি
স্বপ্ন ছিলো না দোরে।

****

23 প্রভু

কেন দূরে রাখো প্রভু আমারে
তোমার ও চরণ পাবো বলে
আমি ঘুরেছি এ পথে ও পথে
কেন দূরে রাখো তুমি আমারে।

আমি পেয়েছিনু তব বারতা
বুঝিতে নারিনু সে বারতা তব
হেলায় দিয়েছি ফিরায়ে
তাই দূরে ঠেলে দাও আমারে।

আমি শুনেছিনু তব কথা
সে কথা আমি গিয়েছি ভুলে
নিয়েছিনু মুখ ফিরায়ে
তাই দূরে রাখো তুমি আমারে।

তুমি চেয়েছিলে কিছু মোরে
দিতে পারি নাই কমে যাবে বলে
ফিরায়ে দিয়েছি তোমারে।

তবুও কিছু মনে করো নাই
হাসি মুখে তুমি এসেছিলে তাই
দাঁড়ায়ে ছিলে মোর দুয়ারে
আমি বুঝিতে পারিনি তোমারে
আকুল নয়নে ভাসিতেছি আজ
ক্ষমা করো প্রভু আমারে।

তোমার চরণ পূজিবো সদাই
হয়েছে যে ভুল জীবনে
প্রভু ঠাঁই দাও তব চরণে
কেন বঞ্চিত করো আমারে
কেন দূরে রাখো প্রভু আমারে।

****

24 মন

সময় যত পিছিয়ে যায়
সময় তত এগিয়ে আসে
হাতের মুঠোয় সময় নিয়ে
বসে আছি কোন আশাতে।

তাই চলনারে মন বেরিয়ে পড়ি
পরস্পরের হাত টি ধরে
মন যদি চায় যাকনা ওরা
ওদের ওই মন সাগরে।

হেসে খেলে দিন কেটে যাক
সময় টাকে নিংড়ে নিয়ে
থাকবে ওরা মনের কাছে
ফিরবে না আর ভিড়ের মাঝে।

আনন্দেতে নাচবে ওরা
খেলবে ওরা তোমার সাথে
পারিজাতের সুবাস মেখে
থাকবে ওরা মনের সুখে।

****

25 বর্ষার রাত

বর্ষা মুখর মধ্য রাত্রি
গাছেরা ভয়েতে ঘামি
বৃষ্টিতে আজ ধুয়ে গেছে ঘুম
ঝিঁঝিঁরা গিয়াছে থামি।

ডমরু বাজায়ে নেচে চলে সে
বিজলীর বাতি হাতে
খুঁজে ফেরে সে তার প্রিয়া কে
কোথায় পাবে সে তাকে।

****

26 রাত নিঝুম

'আজকে রাত হয়েছে নিঝুম
চারিদিক ঘন কালো
তারারা মেঘেতে মুখ ঢেকে আছে
জ্বলেনি কো তাই আলো।

পেঁচা দম্পতি জাগিয়া রয়েছে
বসিয়া গাছের ডালে
জোনাকিরা সব জ্বালায়েছে আলো
তাদের ঘরের দোরে।

রাতের এ প্রহরে শিয়ালেরা সব
ধরেছে তাদের গান
রাস্তায় যত সারমেয়র দল
দিতেছে তাদের তান।

ঘুম আসেনিকো মোর চোখে আজ
রয়েছি একাকী বসে
কখন যে রাত তৃতীয় প্রহর
চলে গেছে শুধু হেসে।

স্বপ্নেরা সব আসেনিকো আজ
নিয়েছে সবাই ছুটি
কালো রাত তাই হয়েছে ঘন
ঘুম কে নিয়েছে লুটি।

****

27 বিকেল

সুন্দর আজ প্রকৃতি দেবী
হয়েছে মধুময়
ছন্দে ছন্দে ভরিয়ে দিয়েছে
তাহারি দিকবলয়।

নানা রঙে সে সাজিয়ে দিয়েছে
আজি এ সন্ধ্যা বেলা
উজাড় করিয়া দিয়েছে সবই
করে আকাশের সাথে খেলা।

পাখিদের দল ফিরেছে কুলায়
কলরবে ভরে সেথা
সারাদিন তারা ব্যাস্ত থাকায়
হয়নি প্রাণের কথা।

বকের ডানায় সূর্যি ডোবে
সন্ধ্যা হয় গভীর
এমন দিনে তোমাকেই খুঁজি
মন কে করে ফকির।

****

28 প্রভাত

ভোরের আকাশ রাঙিয়ে দিয়ে
সূর্য ওঠে ধীরে
ডাকছে তোমায় উঠে পড়ো
দাঁড়িয়ে তোমার দোরে।

ডাকছে আকাশ ডাকছে বাতাস
ডাকছে ভোরের পাখি
এবার তুমি উঠে পড়ো
খোলো তোমার আঁখি।

ফুলের বাগান ডাকছে তোমায়
বাড়িয়ে দিয়ে হাত
মৃদু হাওয়ায় দুলছে তারা
বলছে সুপ্রভাত।

****

29 ঘুম

মধ্য রাত্রি হয়েছে নিঝুম
ঝিঁঝিঁরা ধরেছে গান
সেই সুরে সুরে তোমার আঁখিতে
কাজল হয়েছে ম্লান।

দূর আকাশে তারারা সবাই
চেয়ে থাকে তবে পানে
হাসনুহানার সুবাসেতে আজ
আবেশ জড়িয়ে আনে।

গবায়ন পথে জোছনা ভেলায়
স্বপন পরীরা নামে
ঘুমে ঢুলু ঢুলু চোখেতে তুমি
খেলবে তাদের সনে।

****

30 অপেক্ষা

আকাশেতে চাঁদ আনমনে আসে
বাহিয়া তাহার তরী
জোছনা আলোয় খুঁজে ফেরে সে
কোথায় তাহার পরী।

পালঙ্ক পরে শুয়ে আছে সে
ঘুমেতে অতি কাতর
বাতায়ন পথে জোছনা এসে
জড়ায়ে দিয়েছে চাদর।

বাহিরে তখন হিমেল হাওয়া
বয়ে চলে পথ ভুলে
ছোট ছোট সব শিশির কণায়
ভরে গেছে এলো চুলে।

গবায়ন পথে চাঁদ জেগে রয়
তাকিয়ে তাহার পানে
সে যে এখন ঘুমিয়ে রয়েছে
গভীর স্বপন ঘুমে।

ধীরে ধীরে চাঁদ হয়েছে মলিন
ঢোলে পড়ে আকাশেতে
কাল সন্ধ্যায় দেখিবে আবার
মন ভরে সেই আশে।

****

31 বিয়ের আগে পরে

বিয়ের আগে-
পুরুষ - বৌ যে আমার মনের মতো
খুব সুন্দর ভালো
ঘর যে মোর ভরে দেবে
এতই রুপের আলো।
যতন করে রাখবো তারে
পরিয়ে সোনার মালা
সাজাবো তারে সোনার দুলে
হাতে সোনার বালা।
বিয়ের বেশ কিছু দিন পর -
বৌ তো নয় খিঁচুটে বস
খিঁচির মিচির করে
সব সময়েই মেজাজ টা তার
সপ্তমে থাকে চড়ে।
প্রেমের কথা বলতে গেলে
মুখ যে আগুনের গোলা
এখন এবার বোঝো প্রেমিক
এ কি ভীষণ ঠেলা।।
বিয়ের আগে মহিলা -
প্রেমিক আমার খুব সুন্দর
দেখতে চাঁদের মতো
সে যে মনে দোল দিয়ে যায়
কেবল অবিরত।
একটু কাছে আসবো বলে
দাঁড়িয়ে থাকি দোরে
ফিরবে সে যে এই পথেতে
বিকেল বেলা করে।

বিয়ের পরে রাখবো মাথা
তার বুকেরই পরে
বাসবে ভালো আমায় সে যে
কাটবে স্বপন ঘোরে।
বিয়ের কিছু দিন পর -
সংসারেতে খেটে খেটে
গতর হলো কালি
সকাল বেলায় অফিস যাবে
ভরতে মনের থালি।
ছুটির দিনে বারান্দাতে
বসবে মহারাজা
আমার মতো কেনা দাসী
আছে যে তার বাঁধা।
সকাল বেলার জল খাবার যে
লুচি আলুর দম
দুপুর বেলার ভূরি ভোজন
হয় না যেন কম।
ছেলেটাও ঠিক বাপের মতো
এক্কবারে বিচ্ছু
বায়না ছাড়া আর কিছু সে
বোঝে না কো কিচ্ছু।
বিকালেতে ক্লাবে যাবে
জমবে সন্ধ্যা খাসা
আর পারি না ফিরুক মিনসে
ভাঙবো পিঠে ঝাঁটা।

****

32 ভোর বেলা

শরত প্রভাতে হিমানী জড়িয়ে
শিউলিরা ডাকে ওই
খোলো খোলো আঁখি
জেগে ওঠো আজি
ভোর হয়ে গেছে ওই।

ভোরের পাখিরা জানালায় বসে
শোনায় তাদের গান
সুরের আবেশে ভরে গেছে দিক
ভরে যাক তব প্রাণ।

রবীর আলোয় ভোরের আকাশ
নিজেকে নিয়েছে রাঙ্গিয়ে
ফুলের সুবাসে ভোরের আলোতে
নিজেকে তোলো যে সাজিয়ে
উঠে পড়ো তুমি আজি হে।

****

33 সুখের স্মৃতি

রাত্রি মানেই ছোট বেলার
সুখের স্মৃতি গল্প
ব্যাঙ্গমা আর ব্যাঙ্গমীরা
পথের দিশা বলতো।

হারিয়ে গেছে সে দিন গুলি
হারিয়ে গেছে কল্পলোক
আজও তাই ভালো লাগে
যতই সেটা মিথ্যা হোক।

আজ -
রাত্রি মানে ছাদে বসে
চাঁদের ছোঁয়া অল্প
হতো সেথা মান অভিমান
হতো প্রেমের গল্প।

আমার বুকে মাথা রেখে
স্বপ্ন দেখা চলতো
মুচকি হেসে বলতে তুমি
ভালোবাসি অল্প।

তার পর -
এই ভাবেই কখন যেন
হয়ে যেতো ভোর
পূব আকাশে সূয্যি উঠে
ভাঙ্গাতো স্বপন ঘোর।

****

34 পুজোর গন্ধ

আকাশ বাতাস সব
ভরেছে সুগন্ধে
পুজো পুজো ভাব থাকে
সকাল থেকে সন্ধ্যে।

এখানে পুজোর রেশ
নেই ছিটে ফোঁটা
কাজের পিছনে শুধু
দিন রাত ছোটা।

যদিও আকাশ হয়ে গেছে নীল
ভরে গেছে গাছ ফুলেতে
তবুও পুজো আসে না হেথায়
কভুও মনের ভুলেতে।

তাই দূর থেকে মোরা জানাই
প্রণাম আমরা কজন প্রাণী
দূর করো মা দূর করো তুমি
মনের যতো গ্লানি।

****

35 শুধু আলো

সারাদিন তোমার পাই নি দেখা
আনমনে ছিলে কোথায়
কি করে তোমায় ভজিলে বোলো
আসবে মনের কোনায়।

সারাদিন ধরে পথ চলা শেষে
দিনমনি যায় ছুটিতে
আকাশের গায়ে রং ছিটিয়ে
ছবি এঁকে যায় তুলিতে।

বেলা বয়ে যায় আঁধার নামে
পাখিরা ফিরিছে কুলায়
রজনীগন্ধার সুবাসেতে সে
আমারে পথ ভুলায়।

ধীরে ধীরে চাঁদ আকাশেতে আসে
ভাসায়ে জোছনা ভেলা
এলো চুলে তাই খোঁপাতে রাখিয়ো
বকুল ফুলের মালা।
তারারা আকাশে প্রদীপ জ্বালিয়ে
সাজাবে বরণ ডালা
তোমার দুয়ারে আসবে নেমে
চরণ করিতে আলা।

সে আলোয় আজ ভুবন ভরিবে
কেটে যাবে যত কালো
রয়ে যাবে শুধু আলো।

****

36 চিরন্তন

জন্ম হলে মৃত্যু সত্য
এটা যদি হয়
মৃত্যু হলে জীবন সত্য
এটাও তো মনে হয়।

জীবন মৃত্যুর দড়িতে দেখো
লেগেছে ভীষণ টান
কোন দিকে যে হেলবে দড়ি
নেই তো সঠিক জ্ঞান।

অসক্ত হলেও শরীর
তবু মানতে চায় না মন
বাসনার তরে খিচিরমিচির
চলছে সারাক্ষন।

পুরোনো শরীর পিছে ফেলে
চলে যাবে সেই সত্ত্বা
নতুন আশায় নব দেহে
ফিরবে অমর আত্মা।

****

37 ভেজা রাত

মেঘের আড়ালে লুকিয়ে চাঁদ
খেলছে লুকোচুরি
তাইতো তোমার অভিমানে আজ
মন হয়েছে ভারী।

জোছনার চাদর জড়াবে না আজ
তোমার গায়ের পরে
অভিমানী চোখ তাকিয়ে থাকে
খোলা বাতায়ন পরে।

ঝমঝম করে বৃষ্টি নেমেছে
পথে ঘাঠে আর বনে
পালঙ্ক পরে বসে আছ তুমি
বেদনা বিধুর মনে।

অতীত দিনের বহু স্মৃতি
আসছে মনে ভেসে
সেদিনও রাত বৃষ্টি ভেজা
তুমি ছিলে মোর পাশে।

বৃষ্টি ভেজা রাতেতে তখন
গেয়ে ছিলে তুমি গান
বর্ষা রানী নুপুর পায়ে
তুলেছিলো তাই তান।

অতীত দিনের স্মৃতি গুলো সব
থাকুক না হয় আজ
দেখতে থাকো একা বসে তুমি
বর্ষা রানীর নাচ।

****

৩৪ টুকরো স্মৃতি

তোমারি মাঝে তোমাকে খুঁজে
পেয়েছিনু আমি আলো
সেই আলোতে ভরেছিলো মন
কেটেছিল মনের কালো।

তোমারি বাগান ছিল যে সবুজ
ভরেছিলো ফুলে ফুলে
সেই ফুলেরই পাপড়িতে বসে
হাওয়াতে দুলে ছিলে।

বর্ণে গন্ধে ভরে আছে আজও
শিউলি ফুলের তলা
যেখানে তুমি তুলেছিলে তান
হয়েছিল গান গাওয়া।

আজও সে সুর ভোরের হাওয়ায়
ভেসে আসে মোর প্রাণে
ভরে গেছে দিক ভরে আছে সব
তোমারি মধুর গানে।

****

39 বৃষ্টি ভরা রাত

আজ রাতে ঘুম নেই
মাঝে মাঝে বৃষ্টি
ভ্যাপসা এই গরমেতে
একি অনাসৃষ্টি।

পেঁচা পেঁচি বসে থাকে
গাছের ওই ডালেতে
মাঝে মাঝে কয় কথা
গান ধরে সাথেতে।

সারমেয়র দলগুলি
আজ রাতে ডাকে না
রাস্তার বাতিগুলি
আজ রাতে জ্বলে না।

চারিদিক নিশ্চুপ
বৃষ্টি ভরা রাত
কোথা থেকে ভেসে আসে
সরোদেতে "দেশ" রাগ।

****

40 আজগুবি

বৃষ্টি আসে ব্যাঙ ডাকলে
মোরগ ডাকলে ভোর
গভীর রাতে ডাকলে কুকুর
পালায় ছিঁচকে চোর।

ঘরের চালে বসলে শকুন
হয় না কি দিন অশুভ
তাই তো সেদিন কোনো কাজই
হবে না কো শুভ।

মাথার উপর আকাশেতে
ডাকলে পরে কাকে
হঠাৎ করে বিপদ নাকি
আসবে পথের বাঁকে।

ভাঙা আয়নায় মুখ দেখা যে
ভীষণ ভাবে মানা
লাবণ্যটা চলে গেলে
যায় না তারে আনা।

ঘরের চালে বসে যদি
কুটুরে পেঁচা ডাকে
লক্ষীদেবী হয় না খুশি
মনের দুঃখে থাকে।

কতরকম আজগুবি যে
আছে হেথায় মিছে
আমরা শুধু লেজ ধরে তার
চলি পিছে পিছে।

****

41 প্রেম কেমন

প্রেম কি শুধু চোখের দেখা
ভালো লাগা থেকে
না কি মনের অনুভূতি
জাগায় ভিতর থেকে ?

রাগের পরেও প্রেম আসে যে
কেমন করে হয়
ছুটবে তখন প্রেমের টানে
জানিও নিশ্চয়।

যাকে তুমি ভালোবাসো
তাকে দূরে ঠেলো
আবার তার কাছেতেই মনের টানে
প্রেম নিবেদন করো।

অপমান করলে যাকে
বললো না সে কিছু
তার পরেতে তারই টানে
ছুটবে পিছু পিছু।

আজকে যাকে লজ্জা দিয়ে
খুশি তোমার মন
কালকে তুমি তার কাছেতেই
কাঁদবে সারাক্ষন।

কেমন করে সুর তোলে প্রেম
মনের তানপুরায়
কেমন করে মন ভরে সে
অনুরাগের ছোঁয়ায়।

****

42 উচ্চ ভাবনা

বেড়াল ভাবে বাঘ হবো
আমি বড়ো হলে
শেয়াল ভাবে সিংহ হবো
একটু সুযোগ পেলে।

গাধা ভাবে ঘোড়া হয়ে
ছুটবো ঝড়ের গতি
নাগাল তখন পাবে নাকো
করো যতই কেরামতি।

নীলগাই তাই ভাবছে বসে
জেব্রা হবে কবে
ডোরাকাটা কালো দাগ
গাটি জুড়ে রবে।

বেবুন ভাবে বড়ো হয়ে
হবই আমি হাতি
হেলে দুলে চলবো আমি
গজরাজের নাতি।

পুঁটি ভাবে তিমি হয়ে
যাবো সাগর জলে
গুগলি ভাবে শঙ্খ হয়ে
রইবো জলের তলে।

****

43 সেই পরীটা

সেই সে পরী মেয়ে
পৌষ মাসে মোদের সাথে
আসতো মোদের গ্রামে।

রূপের ডালি নিয়ে
ঘুরতো সে যে মেয়ে
বাতাস তখন বইতো ধীরে
তারই ছোঁয়া পেয়ে।

কাজলা দীঘির পাড়ে
সে আসতো নরম পায়ে
খিলখিলিয়ে উঠতো হেসে
পদ্ম হাতে নিয়ে।

সে বসতো যখন ঘাটে
পা ডুবিয়ে জলে
ছোটো ছোটো ঢেউ গুলো সব
যেতো সেথায় খেলে।

ধুলোয় ভরা পথে
সে ঘুরতো যখন গ্রামে
পথের ধুলো থমকে যেতো
তার ওই রূপের টানে।

পূর্ণিমাতে চাঁদের আলোয়
ভাসতো যখন গ্রাম
জোছনাতে স্নান করে সে
গাইতো প্রাণের গান।

শুষ্ক মাঠের উড়িয়ে ধুলো
গরুর গাড়ী গুলো
আনতো বয়ে সোনালি রঙের
ধানের আঁটি গুলো।

লক্ষী পুজো চলতো যখন
বসতো পাশে এসে
মৃন্ময়ী যে চিন্ময়ীতে
উঠতো তখন হেসে।

সেই সে পরী মেয়ে
হারিয়ে গেছে কোন সুদূরে
খুঁজেও নাহি মেলে।

****

44 ছন্দে বাঁধা

জীবন শুধুই বর্ণময়
ছন্দে ভরা সুর
জীবন বীণায় ঝংকারিছে
প্রেমের সুধা মধুর।

তবুও দেখি ছন্দপতন
বেতাল সুরে বাজে
প্রেমের সাথে মিশলে খাদ
রং তো ঝরে যাবে।

সুরে বাঁধা জীবন তরী
সুরেই ফিরে আসে
দুঃখ সুখের ঢেউয়ের দোলায়
আবার তরী ভাসে।

জীবন তাই ভেসে চলে
একই ঠিকানায়
পৌঁছে দেবে ঠিক সময়ে
সাগর মোহনায়।

****

45 সেই তারাটি

সেই সে গানের সুরে
পেয়েছিলাম যাকে
একলা বসে চিলেকোঠায়
খুঁজে ফিরি তাকে।

সেই সে হলুদ তারা
সন্ধ্যা হলে চিলেকোঠায়
আসতো আমার কাছে
আলতো চুমে ভরে যেতো সেই সন্ধ্যাবেলায়।

সেই তারাটি হারিয়ে গেছে
হলুদ পাখির মতো
আর তো তাকে পাই না খুঁজে
রেখে গেছে ক্ষত।

সে যে ছিলো বর্ণময়
বড্ডো ভালোবাসা
সন্ধ্যা হলে আসতো নেমে
ভুলিয়ে দিতো ব্যাথা।

আকাশ পারে সেই জায়গা
আজও থাকে খালি
সন্ধ্যা হলে আনমনেতে
তারই সাথে খেলি।

****

46 রাজার ইচ্ছা

কোষাগারে সিন্দুক খানি
মনি মুক্তোয় ঠাসা
তাই তো পাশে খালি সিন্দুক
রাখলো এনে রাজা।

সভাসদদের ডেকে রাজা
ধমক দিয়ে বলে
তোমরা সবাই অন্ধ নাকি
সিন্দুক কি খালি রাখা চলে।

সভাসদরা বুঝলো সবাই
রাজার কি যে ইচ্ছা
তড়ি ঘড়ি ডাকলো তাদের
যতো ছিল চামচা।

বললো তাদের মণিমুক্তো
আনতে হবে সব
রাজার সিন্দুক খালি রবে
এ যে অসম্ভব।

আনবি তোরা একটু বেশি
বুঝতেই তো পারিস
আমার ঘরেও ছোট সিন্দুকে
খানিক না হয় ভরিস।

তাই না শুনে চামচের দল
উঠলো সবাই নেচে
চললো তারা জনগণের
ধরতে গলা চেপে।

এইভাবেই রাজায় প্রজায়
আছে মহা সুখে
মাঝে মাঝেই পেয়াদা গুলো
ওঠে শুধু হেঁকে।

****

47 প্রেম

প্রেম যমুনায় উঠলো রে ঢেউ
উথালপাথাল মনের ঘরে
ভাসিয়ে নে যায় শাওন জলে
দিচ্ছে টোকা কেউ কী দ্বারে ?

মন হারানো সেই সে পাখি
উড়তে যে চায় আকাশ পারে
মেলে দিয়ে রঙিন ডানা
ফিরতে না চায় আর সে ভিরে।

স্বপ্ন গুলো বুকে নিয়ে
যায় সে যেতে কোন সুদূরে
ঝর্ণা যেথায় আসবে নেমে
সবুজ বীথি থাকবে ঘিরে।

সুন্দরের সেই ছবি খানি
উঠছে ভেসে হৃদয় মাঝে
মন লাগে না কোনো কাজে
ভাবতে থাকি সকাল সাঁঝে।

****

48 ব্যাঙের বিয়ে

রিম ঝিম ঝিম বৃষ্টি ঝরে
মধ্য রাতের পরে
বাঙেরা সব গান ধরেছে
ছোট্ট ডোবার ধারে।

আজকে ব্যাঙের বিয়ে হবে
টোপর মাথায় দিয়ে
আনবে সে যে বৌকে ঘরে
খানিকটা পথ বেয়ে।

খুশি যে আজ ঝিলিক মারে
সবার চোখের কোলে
বাড়ি খানিকে সাজিয়ে তোলে
শাপলা ফুলের নালে।

ব্যাঙ বাবাজির কুল যে বড়ো
কোলা ব্যাঙের ছা
নামকরা যে ব্যাঙ সমাজে
গরবে নেই "রা "।

পাশের ডোবায় কন্যা থাকে
লাজুক লাজুক মুখে
সেখানেও আজ ব্যাস্ত সবাই
আনন্দে আর সুখে।

আজ রাতেতে বর বাবাজি
বরযাত্রীর সাথে

সবাই মিলে লাফিয়ে লাফিয়ে
যাবে আনন্দেতে।

সঙ্গে যাবে বরকত্তা
ধেড়ে কোলা ব্যাঙ
আর যাবে পুরুত মশাই
পণ্ডিত সোনা ব্যাঙ।

চার চোখেতে মিলন হলো
উঠলো সবাই গেয়ে
ঘ্যাঙোর ঘ্যাঙোর ডাকের ফলে
বৃষ্টি এলো ধেয়ে।

সুসম্পন্ন হলো বিয়ে
তোমরা সবাই যেয়ো
দম্পতিকে আশীর্বাদ করে
একটু খেয়ে নিয়ো।

****

49 সকালের সূর্য

সকাল বেলায় নদীর জলে
সূর্য দেখে আপন ছবি
দেখতে সে খুব সুন্দর
একটু কেবল বদমেজাজি।

মাঝে মাঝেই রেগে গিয়ে
সবাইকে সে পুড়িয়ে মারে
তবুও কাজে দেয় না ফাঁকি
আকাশ কাঁপায় রথে চড়ে।

মাঝে মাঝেই ডিগবাজি খায়
আকাশ যখন মেঘে ঢাকা
তখন সে যে গুমরে থাকে
রাগ গুলোকে রাখতে চাপা।

****

50 চাঁদের গ্রহণ

কোজাগরী লক্ষ্মী পুজো
আজকে রাতে সবার ঘরে
তাই তো সবাই জেগে থেকে
লক্ষ্মী মাকে বরণ করে।

আজকে চাঁদের গ্রহণ হবে
মধ্য রাতের কিছু পরে
দেখবে সবাই আকাশ পানে
রাহু কেমন গিলছে তারে।
ভরণী আজকে দূরে আছে
রোহিনী তাই এসেছে কাছে
প্রিয়র আজকে লাগবে গ্রহণ
প্রিয়কে তাই জড়িয়ে থাকে।

চাঁদের আলো গায়ে মেখে
মুখের দিকেই তাকিয়ে থাকে
কষ্টে তার বুক ভরে যায়
দুহাত দিয়ে আগলে রাখে।

চাঁদ হেসে কয় মিছেই প্রিয়া
ভাবছো তুমি আমার তরে
একটু পরেই আসবো ফিরে
থাকবো তোমার বাহু ডোরে।

****

51 মিষ্টি সকাল

আকাশটাকে রাঙিয়ে দিয়ে
সূর্য ওঠে গনগনিয়ে
মেঘের দল যাচ্ছে ভেসে
হাঁটছে তারা হনহনিয়ে।

মৌমাছিরা মধুর খোঁজে
যাচ্ছে কোথায় ভনভনিয়ে
ভ্রমর আসে ফুলের কাছে
যাচ্ছে চলে ফুল ফুটিয়ে।

বকের দল যাচ্ছে উড়ে
নীল আকাশে গা ভাসিয়ে
গাছেরা সব শুকনো পাতা
হাওয়ায় তারা দেয় উড়িয়ে।

মনের মাঝে কতো কথা
থাকছে তারা আধ ঘুমিয়ে
জাগলে পরে লাগবে ব্যাথা
তাই তো রাখি, না জাগিয়ে।

****

52 কালবেলা

জীবন নদীর ঘূর্ণী জলে
উঠছে শুধু পাগলা ঢেউ
কেমন করে জীবন তরী
বাইবো সেথায় বলবে কেউ।

মন কাঁদে মোর মনের জন্য
কোথায় তাকে খুঁজে পাই
খুঁজতে গিয়ে বেলা শেষে
তেপান্তরে হারিয়ে যাই।

জীবন খাতার পাতাগুলো
হলদেটে সব হয়ে গেছে
তাতে লেখা বর্ণ গুলো
ঝাপসা মতন রয়ে গেছে।

কাল ভেসে যায় কালের স্রোতে
থাকবে শুধু ধূসর স্মৃতি
সেটুকুও টেনে নেবে
রাক্ষুসে ওই কালের গতি।

জীবন যখন চলতে থাকে
কাল বেলার ওই অন্তরালে
কষ্ট গুলো ফেনার মতো
জড়িয়ে পরে জীবন জালে।

****

53 উমার ঘরে ফেরা

ফিরছে উমা নিজের ঘরে
সঙ্গে ছানাপোনা
নন্দী কেমন টানছে গাড়ি
শিব যে তার চেনা।

শিব মহাশয় সামনে বসে
চোখ দুটি আধ বোজা
কৈলাশে ঠিক পৌঁছে দেবে
নন্দী মহারাজা।

****

54 গোলক ধাঁধা

ঘূর্ণী পাকের গোলকধাঁধায়
বনবনিয়ে ঘুরছে বেশ
কতটা পেলে খুশি হবে
লোভ লালসার নেই কো শেষ।

ছুটছে সবাই নেশার ঘোরে
পথের কোনো নেই দিশা
ছুটছে সবাই যে যার মতো
কাটছে না তাই ঘোর নিশা।

ছুটতে গিয়ে ল্যাং মেরে তাই
দিচ্ছে ফেলে আর জনে
নেই কোনো তাই নীতির বালাই
ভুক্তভোগী সেই জানে।

টাকার কাছে সবাই নত
ন্যায় নীতিবান মানুষ কই
জঞ্জালেতে পূর্ণ জীবন
শুদ্ধ মনের মানুষ নাই।

মানুষ যে আজ ঘোর বিপাকে
আটকে গেছে চক্রবুহে
কাঁদছে বসে পথের ধারে
বেরোবার তাই পথ না পেয়ে।

****

55 পাহাড়ের ডাকে

আলো ঝলমল আকাশটা আজ
হয়েছে ভীষণ খুশি
মেঘের চাদর উধাও বলে
নীল হয়েছে বেশি।

পাহাড় আমায় বার্তা পাঠায়
হিমেল হাওয়ার সাথে
আয় না চলে আমার পাশে
বসবি আমার কাছে।

ঝর্ণা তোকে নাচ দেখাবে
বলবে কথা গানে
কেমন করে শতদ্রু যে
তাকে ভীষণ টানে।

সব বাধাকে উল্টে দিয়ে
ছুটছে সে তার পানে
প্রিয়র সাথে মিলবে বলে
স্বপ্ন গেঁথে মনে।

ঝাউয়ের বোনে হিমেল হাওয়ায়
শুনবি নুপুর ধ্বনি
হাওয়ায় ভেসে মেঘ পরীরা
যাচ্ছে আমায় চুমি।

বরফ মুকুট পরে আমি
ধ্যানে বসে রই
আমায় তখন দেখলে পরে
খুশি হবি তুই।

খানিক পরে ফিরে যাবি
তোদের জটিল বনে
মনটি ভারী হলে আবার
আসবি আমার থানে।

****

56 মৌটুসি মন

যাওয়া আসা পথের ধারে
বসে থাকি আমি
দেখছি কতো রং তামাশা
টানছে সবাই ঘানি।

তারই মাঝে কিছু চাওয়া
কিছু খুঁজে পাওয়া
আবার কিছু হারিয়ে ফেলে
কষ্টের গান গাওয়া।

একটু দূরে যেয়ে আবার
খুবই কাছে আসা
প্রবল টানে বাঁধবে তোমায়
গভীর ভালোবাসা।

খেলা ঘরের খেলনাপাতি
পেয়ে ভীষণ খুশি
ভাবছি জীবন চললে এমন
মৌটুসি মন খুশি।

****

57 জীবন পদ্ম

পদ্মটিকে দেখে যদি
মনে লাগে দোলা
একটু খানি থমকে যেও
ওরে ও তুই ভোলা।

তোর জীবন পদ্ম ফুটে আছে
জীবন নদীর জলে
যত্নে তাকে রাখতে হবে
নইলে নষ্ট, পোকায় খেলে।

সুন্দর তুমি সুন্দর মন
সুন্দর সব কিছু
অসুন্দর সব আসছে ধেয়ে
ছাড়ছে নাকো পিছু।

তাই ধরায় যখন এসেই গেছো
রেখে যাও কিছু ছাপ
তোমার পিছে আসবে যারা
পাবে পদ্ম ফুলের সুবাস।

****

58 জীবন

জীবনটা কি আতসবাজি
কতো রঙের খেলা
সবাইকে সে রাঙিয়ে দে যায়
বসায় রঙের মেলা।

আলোর জীবন এই রকমই
দারুণ বর্ণময়
সবার মনে রং ছিটিয়ে
নিজে বিদায় লয়।

ছন্দময় জীবন তাদের
আলোয় থাকে ভরা
সেই আলোতে চললে পরে
পথ হবে না হারা।

****

59 আসছে ভীষণ ঠান্ডা

আজ মেঘের দেশে সূর্য দেব
খেলছে লুকোচুরি
কখনো আলো কখনো কালো
আকাশ কখনো নীলে ভরি।

ঠান্ডা এখন লাগছে বেশ
গায়েতে জড়াই চাদর
হিমেল হাওয়া আসছে ধেয়ে
করতে আমায় আদর।

আমলকি গাছ দূরেতে দাঁড়িয়ে
লেগেছে বুকেতে কাঁপন
পাতাগুলোকে ছাড়তে হবে
যারা ছিলো তার আপন।

ফুলের বাগানে মৌমাছিরা
ভনভনীয়ে ওড়ে
শীতের আগেই তুলবে মধু
আনতে হবে ঘরে।

চন্ডিগড়ের ঠান্ডা রে ভাই
একটু খানি বেশি
হাড়গুলোকে কাঁপিয়ে দে যায়
হই না তো তাই খুশি।

****

60 একাকী শরতসন্ধ্যায়

দিগন্ত জুড়ে মাঠের মাঝে
বসে আছি একা
সূর্য যাবে অস্তাচলে
পশ্চিমে লাল রেখা।

বাতাস বহে অতি ধীরে
ঘাসের ডগা ছুঁয়ে
গোপন প্রেমের অভিসারে
যাচ্ছে চুপিসারে।

মনকে ভীষণ উদাস করে
সাঁঝের শরত বেলা
আকাশ গাঙে যাচ্ছে ভেসে
সাদা মেঘের ভেলা।

বনফুলের সুবাস ভেসে
আসছে ক্ষনে ক্ষনে
আকাশ পারে রং খেলছে
আকাশ নিজের সনে।

অন্ধকার ঘনিয়ে আসে
আমার চারিধারে
একটি দুটি তারা ফোটে
ওই যে আকাশ পরে।

এবার তুমি আসবে বুঝি
চাঁদের ভেলায় চড়ি
তারার জরি শাড়ি খানি
আসবে তুমি পরি।

আসবে কাছে বসবে পাশে
গাইবে গান আবার
কাফি রাগে গানের সুরে
ভরবে চারিধার।

****

61 শিউলির দুঃখ

স্থল পদ্মের হাসি দেখে
মন যে সবার ভরে
রঙের বাহার ছড়িয়ে দিলো
শরৎ কালের ভোরে।

তার পাশেতে হাসি মুখে
নয়ন তারা ফোটে
বলে ঔষধি গুন্ আমারো আছে
আমিই বা কম কিসে।

শিউলি তলে ঝরা ফুলের
অভিমান যে ভারি
বলে আমরাই তো মায়ের আসার
বার্তা বহন করি।

তবুও মোদের নেই কো আদর
কাছে থাকি বলে
তাই তো ঝরি দুঃখ নিয়ে
মাটির মায়ের কোলে।

হালকা হাসি মন উদাসী
কাশের বনে খেলে
প্রেয়সীর ওই আড় চোখেতে
রঙের খেলা চলে।

****

62 শব্দ

ধুপধাপ শব্দে
ওই শিশির পড়লো
ঝিনঝিন শব্দে
টিনের চাল বাজলো।

দ্রুমদ্রুম শব্দে
বরফ যে পড়লো
পাহাড়েরা মাথাগুলো
ব্যান্ডেজে বাঁধলো।

ফটফট শব্দে
গাছেদের ঘুম ভাঙ্গলো
মাকড়শাটা ফটাস করে
মাছিটার ঘাড় ভাঙ্গলো।

ঝুমঝুম শব্দে
ফুলেরা সব জাগলো
ঝুপঝুপ শব্দে
মৌমাছি বসলো।

ধরাম করে শব্দে
প্রেম যে ভাঙ্গলো
ফর ফর শব্দে
প্রজাপতি উড়লো।

সূর্যের আলো এসে
ধুম করে পড়লো
সো সো শব্দে
ওই ঝড় উঠলো।

বন বন শব্দে
মোর মাথা ঘুরলো
আর কোনো শব্দ
বাকি কিছু রইলো ?

****

63 সকাল বেলা

ভোরের আকাশে তারারা সব
নিভে গেছে বহু আগে
পূবের আকাশ লাল হয়ে আসে
সূর্যি ধীরে যে জাগে।

ভোরের পাখিরা গান ধরেছে
ভৈরবী ওই সুরে
ফুলকলিরা পাপড়ি মেলেছে
শিশিরেতে স্নান সেরে।

ঘাসের আগায় শিশির বিন্দু
দোল খেয়ে যায় সুখে
চলতে গেলে পা ধুয়ে দেয়
বিনয়ের হাসি মুখে।

হিমেল হাওয়া ডানাতে জড়িয়ে
উড়ে চলে সাদা বক
যাচ্ছে ওরা নতুন দেশে
আনন্দে ঝকমক।

রঙিন ওড়না গায়েতে জড়িয়ে
ভেসে চলে মেঘের দল
হাসিয়া খেলিয়া গড়িয়া পড়ে
আজ ওরা চঞ্চল।

ভোরের বেলাতে খুঁজে ফেরে
ওই মধু লোভীদের দল
কোন ফুলেতে থাকবে মধু
করবে যে টলটল।

ছোটো ছোটো সব প্রজাপতিরা
দল বেঁধে উড়ে চলে
কখনো বসছে ঘাসের পরে
কখনো ফুলের ডালে।

বসে থেকে আমি দেখে যাই শুধু
প্রকৃতির এই খেলা
আমি তো পারি না ওদের মতো
হতে দিল খোলা মেলা।

****

64 আমার তোমার দুর্গা

শরৎ এনেছে দুর্গা মায়ের
বার্তা বহন করে
চারিদিক আজ উৎসব সাজে
মাকে বরণের তরে।

তোমার দুর্গা নানা সাজে সেজে
আসবে পিতার ঘরে
আমার দুর্গা ছিটকে গিয়েছে
রয়েছে পথের ধারে।

তোমার দুর্গা রাজ নন্দিনী
গিরিরাজ কন্যা
আমার দুর্গা রাস্তার পাশে
বুকভরা কান্না।

তোমার দুর্গা ধুমধাম সহ
রাজভোগ খেয়ে চলে
আমার দুর্গা দূর থেকে দেখে
খিদেতে পেট জ্বলে।

আমার দুর্গা মণ্ডপে আসে
পুজোর প্রসাদ তরে
যেটুকু পেয়েছে ভাইকে খাওয়ায়
নিজে ভূখা পেটে মরে।

তোমার দুর্গার গহনা প্রচুর
পরে আছে দামি শাড়ি
আমার দুর্গা লজ্জা ঢাকতে
পরে আছে ছেঁড়া শাড়ি।

তোমার দুর্গার আলো ঝলমল
নিত্য নতুন পুজো
আমার দুর্গা পরের বাড়িতে
খেটে খায় দু মুঠো।

তোমার দুর্গা পার্লার আর
আলো ঝলমল মলে
আমার দুর্গা ছেঁড়া ফ্রক পরে
ভিক্ষা করে সে চলে।

তোমার দুর্গা আমার দুর্গা
মিলে মিশে যাবে যে দিন
সেইদিন হবে সার্থক পুজো
বাজবে সুখের বীণ।

****

65 শরতের খেলা

শরৎ ঋতু নামছে ধীরে
মাঠের পরে নদীর চরে
কাশফুলেরা নামিয়ে মাথা
প্রণাম জানায় তারে।

শিশির ভেজা শিউলি ফুল
পড়লো ঝরে শিউলি তলে
পদ্মেরা সব হাসি মুখে
উঠলো ফুটে দিঘির জলে।

শিশির ভেজা স্থলপদ্ম
বলছে ডেকে পদ্মটারে
গন্ধ না থাক জৌলুসেতে
দেবোই তোকে টেক্কা মেরে।

নীল আকাশে ভাসছে শরৎ
শঙ্খ চিলের ডানায় বসে
ঘাসের ডগায় রঙিন দ্যুতি
জ্বাললো সোনা আলো এসে।

আনমনা কোন রাখাল ছেলে
বাজায় দেখি বাঁশের বাঁশি
সেই সুরেতে উঠলো ফুটে
জুঁই চামেলী রাশি রাশি।

কুমোর পাড়ায় ব্যাস্ত সবাই
মৃন্ময়ীকে দিতে রূপ
মনের কোণে সাধনা দিয়ে
চিন্ময়ীতে নিচ্ছে রূপ।

ঢোল কাঁসি ওই উঠলো বাজি
তাক কুড়াকুড় তাক
কাঁধে নিয়ে বাজায় ঢাকি
মস্ত বড়ো ঢাক।

ধূপ ধুনো আর মন্ত্রে যখন
লাগবে ভীষণ তাক
জোড়হাত করে ভিক্ষা মাগে
মায়ের কাছে আজ।

****

66 এখনও বাদল ঝরে

বর্ষা খানিক নিয়েছে বিদায়
শীতও খানিক দূরে
শরৎ হাওয়ায় দুলছে কাশ
শিউলি আছে ভরে।

আকাশও খানিক নীল হয়েছে
হিমেল হাওয়ায় মিশে
সাদা কালো মেঘ ভেসে যায়
অচিন পুরের দেশে।

তবুও কেনো মাঝে মাঝে
আকাশ মেঘে ভরা
রেগে গিয়ে হুঙ্কার দেয়
ঝরায় বাদল ধারা।

মনটা তখন ভিজে ওঠে
মেঘ অসুরদের ঠেলায়
আয় না মা তুই ত্রিশূল নিয়ে
শেষ কর এদের খেলায়।

****

67 মনের মানুষ

খুব সুন্দর হয়ে ওঠে
প্রিয় মানুষ থাকলে পাশে
কোনো কথা না বললেও
হৃদয়ের কথা চলতে থাকে।

মনের মানুষ দূরে গেলেও
মধুর স্মৃতি আসতে থাকে
হৃদয় মাঝে আয়নাতে যে
তারই ছবি ভাসতে থাকে।

মনের মানুষ মনেই থাকে
যত্নে রাখি মনের কোণে
বাইরে থেকে যায় না বোঝা
কে কার দিকে থাকে টানে।

কালি যেমন জড়িয়ে থাকে
কলমের ওই নিবের সনে
কবিতা তো কলম লেখে
কালির কথা আসে কী মনে ?

****

৬৪ শুধুই বৃষ্টি

রিম ঝিম ঝিম বৃষ্টি মাঝে
রাজ হংসের দল
যাচ্ছে তারা পুকুর ঘাটে
খুশিতে উচ্ছল।

ভোজটি তাদের ভালোই হবে
এই বৃষ্টির সাথে
গেঁড়ি গুগলির দলরা সবাই
আসবে কিনারাতে।

এক পাশেতে মগ্ন ধ্যানে
বক বাবাজী ওই
নতুন জলের গন্ধে ভাসে
চুনোপুঁটি কই (কেই মাছ)।

ভেকেরা সব গান ধরেছে
আহ্লাদে আটখানা
সঙ্গিনীরা আসবে কাছে
মেলে মনের ডানা।

একলা পথে পথিক চলে
ধরে মাথায় ছাতা
জামা কাপড় ভিজে গেছে
শুকনো শুধু মাথা।

পাখিদের দল কোথায় গেছে
নেই তো তাদের দেখা
মাঠ ঘাট সব জল থইথই
নদীতে বান ডাকা।

একলা ঘরে বসে আছি
মন খানি মোর ভার
ঝম ঝম ঝম বৃষ্টি শুধুই
ঝরছে চারিধার।

****

69 চাঁদের সরণ

আকাশ পরে আধখানা চাঁদ
বলছে আমায় ডাকি
আকাশ থেকে যাবো চলে
অন্ধকারে ঢাকি।

তোমায় আমায় এ কটাদিন
হবে না তো দেখা
অন্ধকারে থাকতে হবে
আমায় শুধু একা।

ধ্রুবর সাথে গল্প কোরো
গেলাম তাকে বলে
দূরে হলেও তোমার কাছে
আসবে সে চলে।

আমার খবর পাবে তুমি
রোহিণীর কাছ থেকে
আসবে তোমার জানলা পথে
শেষ প্রহরে দিকে।

ভরণী ভীষণ অভিমানী
সে তো তুমি জানো
আকাশ পরে খুঁজবে আমায়
পাবে নাকো জেনেও।

তাইতো রাগে অস্তাচলে
যাবে ভোরের দিকে
রোহিনী তখনও আকাশ পরে
থাকবে খানিক জেগে।

তাদের সাথেই গল্প করে
কাটিও রাত গুলি
আবার আমি আসবো ফিরে
নিয়ে জোছনার ডালি।

রোহিনী আর ভরণীও
থাকবে আমার সাথে
গল্প আবার উঠবে জমে
জোৎস্না ভরা রাতে।

****

70 সেই পাখিটা

আজও রাতেতে ডাকিছে পাখিটি
বসে একা নিজ নীড়ে
কেন সে এতো বহিছে কষ্ট
বোঝাতে নাহি সে পারে।

ডেকে ডেকে তার গলা ভেঙ্গে গেছে
তবুও ডেকে সে চলে
আমি যে মানব বুঝিতে পারি না
ভাষা জানা নাই বলে।

বোকা পাখিটি বুঝিতে পারে না
শুধু শুধু ডেকে মরে
যে যায় চলে ফেরে না কো আর
যতই ডাকো না তারে।

আরও কাছে এসে জানলার ধারে
ডাকিছে কাতর স্বরে
ভেঙ্গে গেছে গলা তাই তার তরে
জ্বালিনু প্রদীপ দোরে।

ধীরে ধীরে তার কমিলো আওয়াজ
ডাক নাহি শোনা যায়
ক্লান্ত হয়ে ঘুমিয়ে পড়েছে
নিদ্রা দেবীর দয়ায়।

একাকী আমি বসিয়া থাকিনু
প্রদীপ খানি ধরে
কি জানি কখন জাগিয়া উঠিবে
কথা বলিবার তরে।

****

71 তুমি (1)

সকাল বেলার বন্ধু তুমি
বিকাল বেলার মায়া
আকাশটাকে খেলার ছলে
করছো তুমি রাঙা।

ভোরের বেলার শিশির হয়ে
ঝরছো সবার পরে
ভ্রমর হয়ে ফুলবাগানে
আসবে মধুর তরে।

বসন্তের কোকিল তুমি
গাইছো আপন সুরে
গরম কালে চাতক হয়ে
মেঘকে আনো ধরে।

তুমিই আবার বর্ষাকালে
ঝরাও মধুর ধারা
শস্য শ্যামল করে তুলে
বাঁচাও বসুন্ধরা।

শরৎ কালে তুমিই আবার
হয়ে হিমেল হাওয়া
কাশের বনে ঢেউ তুলে যাও
আনো খুশির হাওয়া।

শীতে তুমি রঙিন ফুলে
ভরাও বনোতল
তুমিই আবার দীঘির জলে
ফোটাও শতদল।

বিশ্বটাকে আপন মনে
সাজাও নিশিদিন
তোমার খেলা বুঝতে নারি
আমরা অতি দীন।

****

72 এক টুকরো শরৎ

সকাল বেলায় শরৎ আসে
শিশির কণার সাজে
শুভ্র কেশে শরৎ ঘোরে
কাশফুলের ওই মাঝে।

বৃদ্ধ হলেও মনটি তার
সবুজ রঙের ছাওয়া
সবুজ মাঠে ঢেউ তুলে যায়
শরতের ওই হাওয়া।

মাঠ পেরিয়ে নদীর চরে
কাশফুলের ওই ঢল
সন্ধ্যাকালে নদীর বুকে
চাঁদ করে ঝলমল।

সাঁঝের বেলায় আকাশ পারে
সারস পাখির ঝাঁক
ফিরছে তারা আপন ঘরে
করছে যে হাঁক ডাক।

মৌমাছিরা গুনগুনিয়ে
ফিরছে তাদের চাকে
শিরিষ গাছের ডালে পেঁচা
হটাৎ ওঠে ডেকে।

ধীরে ধীরে অন্ধকার
হয় যে আরও কালো
চাঁদের হাসি ছলকে পড়ে
ছড়ায় মোমের আলো।

****

73 ভূতের বাসা

নদীর পারে তাল গাছেতে
ল্যাংড়া ভূতের বাসা
সন্ধ্যা হলেই পা ঝুলিয়ে
গানটি ধরে খাসা।

মানুষের রক্ত খেতে
ভীষণ ভালোবাসে
মানুষ ধরার তরে সে
তাইতো নেমে আসে।

কখনো বা উল্টো হয়ে
তালপাতাতে ঝোলে
তলা দিয়ে মানুষ গেলেই
হাত বাড়িয়ে তোলে।

কখনো বা মানুষ সেজে
আসে তাদের পাশে
সুযোগ পেলেই মটকাবে ঘাড়
মনে মনে হাসে।

পূর্ণিমাতে আকাশ পারে
উঠবে যখন চাঁদ
বঁধুর বেশে বেরিয়ে করে
শিকারের সন্ধান।

গ্রামের মানুষ ভূত তাড়াতে
চিন্তা করে খাসা
গাছটাকে তাই কেটে দিলো
ভাঙ্গতে ভূতের বাসা।

****

74 আনন্দ - বিষাদ

আনন্দের ওই সাগরে ভাই
উঠবে কিছু ঢেউ
অতল সাগর পাড়ি দিতে
মিলিয়ে যাবে সেও।

জীবনের এই ছোট্ট ভেলায়
সুখ দুঃখ জানি
যাত্রী সেজে আসবে তারা
আপনি যাবে নামি।

আনন্দ আর বিষাদ দুটি
থাকে মিলে মিশে
একটি এলে আর একটি তাই
আসবে পিছে পিছে।

যে জন ভাবে ভালো আছি
আছি মহা সুখে
একটু খানি নাড়িয়ে দিলেই
জল আসবে চোখে।

বাদল ধারায় মিশে থাকে
বিষাদের ওই ছায়া
বন্ধ করে মনের জানালা
ঢাকি তাদের কায়া।

****

75 ঘুড়ির মেলা

আকাশ পারে ঘুড়ির মেলা
নানা রঙের ঘুড়ি
নীল আকাশে উড়ছে তারা
লাটাই সঙ্গী করি।

আনন্দেতে ডিগবাজি খায়
এ ওর ঘাড়ের পরে
যতক্ষণ সুতোর টানে
আটকে রাখে তারে।

এরই মাঝে আকাশ পারে
করে রেষারেষি
একটুখানি জীবন নিয়ে
শূন্য মাঝে ভাসি।

বন্ধন যখন যাবে টুটে
আকাশ গাঙে ভেসে
চলতে থাকে নিরুদ্দেশে
চোখের জলে ভেসে।

তাই তো বলি বন্ধনটা
শক্ত করো আরও
যে কটা দিন থাকবে হেথায়
আনন্দেতেই ঘোরো।

****

76 মিলন মেলা

তালসারির ওই রাস্তা দিয়ে
গিয়েছিনু মোরা বন্ধুর ঘরে
তার ডাকেতে আবেশ নিয়ে
মিলেছিনু তাকেই ঘিরে।

বন্ধুরা সব এসেছিলো
উঠলো জমে গল্প সেথায়
হাসি গানে কাটলো সেদিন
পুরোনো দিনের একটু হাওয়ায়।

সুখের নদী বইছিলো যে
ছোটো ছোটো ঢেউটি তুলে
পালবিহীন মোদের নৌকা খানি
ভেসে ছিল তারই জলে।

সময় কখন গড়িয়ে পড়ে
পরশ দিয়ে মুচকি হেসে
এবার তবে শেষ হবে যে
মোদের মেলা দিনের শেষে।

****

77 কৈলাশ পর্বত

কৈলাশ কে যায় যে দেখা
একটু দূরে ওই ওখানে
তবুও তাঁর পাই না দেখা
থাকেন তিনি কোন বিমানে !!

নন্দী আছেন তাঁর পাহারায়
সিং দুটি তাঁর বেজায় খাড়া
একটুখানি বেচাল হলেই
সিং উঁচিয়ে দেবেন তাড়া।

চারিদিকে তার পাহাড় ঘেরা
বরফ নিয়ে মাথার পরে
সবাই ধ্যানে মগ্ন থাকেন
মহাদেবের আসন ঘিরে।

দিনের বেলায় রবী যখন
জোড় হাত করে আশীষ মাগে
শশী তখন মৃদু হেসে
তাঁর জটাতে আটকে থাকে।

সাদা মেঘের দলরা যখন
উড়তে থাকে কৈলাশেতে
ঠিক মনে হয় গাঁজার ধোঁয়ায়
জড়িয়ে থাকেন মৌতাতে।

পাহাড় ঘিরে ওঁকার ধ্বনি
উঠতে থাকে মাঝে মাঝে
হৃদয় মাঝে ভক্তি রসের
প্লাবন তখন বইতে থাকে।

****

78 ভূত চতুর্দশী

ভূত চতুর্দশীর আজকে রাতে
ভূতেরা সব আসবে নেমে
ব্রহ্ম দৈত্য নাটের গুরু
চিন্তাতে সে উঠছে ঘেমে।

ভূতেরা আজ মিলবে সবাই
বাঁশ বাগান আর কেওড়াতলে
আনন্দেতে নাচবে তারা
মানুষের ঘাড় ভাঙ্গবে বলে।

কতোরকম ভূত যে আছে
ঘরের পাশে রাস্তা ঘাটে
সমাজ মাঝে ঘুরছে তারা
খুঁজছে সবাই সুযোগ বটে।

ভালো মানুষ সেজে তারা
আসবে পাশে বসবে হেসে
তারপরেতেই সুযোগ পেলে
ধরবে তারা ভীষণ ঠেসে।

আসল ভূতের চেয়েও তাই
জ্যান্ত ভূতের দাপট বেশি
ঘাড় ভাঙ্গতে পারবে বলেই
তাই তো তারা ভীষণ খুশি।

****

79 ভেদাভেদ

অন্যকে ছোটো করতেই হবে
এ কেমন কথা বলো
তার চেয়ে বরং নিজেকে তুমি
আরও উন্নত করো।

নিজের মনকে প্রসারিত করো
দাও দুহাত বাড়িয়ে
দেখবে উঁচুতে উঠে গেছো তুমি
সকল জনাকে ছাড়িয়ে।

প্রেম ভালোবাসা সবার জীবনে
আসে নাকো ঠিকমতো
তাইতো তারা মানুষ হয়েও
থেকে যায় অতি ছোটো।

উদারতা তাদের বহু দূরে থাকে
বোঝে নাকো তারা কিছু
তুমিও কি তাদের মতই
নেবে কি তাদের পিছু !

জ্ঞানের আলোয় নিজেকে তুমি
করে তোলো আলোকিত
দেখবে তখন ছোটো বড়ো মিশে
হয়ে গাছে একত্রিত।

ভেদাভেদ করে নিজেকেই তুমি
শুধু শুধু ছোটো করো
তার চেয়ে চলো মনের পরশে
মনকে আলোয় ভরো।

****

৪০ স্বপন পরীরা

দুলকি চালে
হালকা সুরে
ঘুম আসছে
সবার ঘরে।

রাত্রি এখন
দ্বি - প্রহরে
স্বপন পরী
নামবে ধীরে।

খেলবে ওরা
চাঁদের আলোয়
ফুল বাগানে
হাতটি ধরে।

****

৪1 গোলকধাঁধা

এই পৃথিবী ভুলে ভরা
ভুলে ভরা জীবনখানি
যতই তাকে ভুলতে চাই
হয় যে সেটা পাগলামি।

হৃদয় মাঝে উঠছে যে ঢেউ
তবে কি সব মিছে মায়া
আঁধার রাতে একলা পথে
সঙ্গী কেবল নিজের কায়া ?

নিজের বলে ভাবছি যেটি
সেটাও মোটেই নিজের নয়
দিনের শেষে ছাড়তে হবে
নিজের কায়াও আপন নয়।

এই পৃথিবীর গোলকধাঁধায়
ঘুরছি সবাই আমরা যে
ঠোকাঠুকি লাগছে সদাই
নেইকো রেহাই ঘূর্ণীতে।

****

৪2 জলবালিকা

আকাশ জুড়ে মেঘবালিকা
খিল খিলিয়ে উঠলো হেসে
পরস্পরকে জড়িয়ে ধরে
যাচ্ছে ভেসে কোন বিদেশে।

ভিজে হাওয়া আসছে ভেসে
ফুলবিথিকায় লাগলো নেশা
শরীর জুড়ে নামলো বাদল
ঝরবে শুধু রঙ তামাশা।

গাছের ডালে চন্দনা টি
ডাকছে শুধু সোহাগভরে
আসবে চুপে তার প্রিয়া যে
গাইবে তারা প্রণয় সুরে।

ভ্রমর এসে ফুলকলিকে
গানটি শোনায় আবেগ ভরে
আলিঙ্গনে ভিজিয়ে পরাগ
মাটির বুকে পড়বে ঝরে।

রামধনুর ওই রঙিন আভায়
রেঙে গেলো স্মৃতির রেখা
জলবালিকা গাঁথছে মালা
আসবে যে তার প্রাণের সখা।

****

৪৩ ভীষণ সেকেলে

ফিরে পেতে ইচ্ছা জাগে
পিছন পানে তাকিয়ে থেকে
যেদিন গুলো হারিয়ে গেছে
আসুক ফিরে অতীত থেকে।

জীবনটাকে দেখবো আবার
নতুন করে বাঁচার সাথে
রাখবো লিখে ভুল গুলো সব
জীবন থেকে ফেলবো মুছে।

জানি আমি এসব কথা
কল্পনাতেই মানায় ভালো
অতীত গুলো গুছিয়ে রেখে
মাঝে মাঝে ঝাড়বো ধুলো।

বসবো যখন মনকে নিয়ে
একটু দূরে সিন্ধু পাড়ে
তখন না হয় গাইবো আমি
অতীত গানের সুরটি ধরে।

ঢেউয়ের পিছে ঢেউগুলো সব
বলবে আমায় কাছে টেনে
তুমি ভীষণ সেকেলে তাই
চাইছো ফিরে পিছন পানে।

****

84 তুমি (2)

মনের আকাশে মেঘ জমেছিলো
বৃষ্টি হয়েছে শেষে
মনের যতো মান অভিমান
তারই স্রোতে গেছে ভেসে।

তোমার হাসিতে মনের বাগানে
ফুটিলো যে নানা ফুল
সেই সাথে তুমি ভেঙ্গে দিলে
মোর অন্ধসম যে ভুল।

তোমাকে আমি করিয়াছি হেলা
দেখি নাই তব হাসি
তবুও তুমি যাওনি ছাড়িয়া
রয়ে গেছো ভালোবাসি।

দিনগুলি তাই রঙিন হয়েছে
তোমার কাছে এসে
মনের আকাশ হয়ে গেছে নীল
শুধু তোমায় ভালোবেসে।

বেসুরো মন সুর পেয়েছে
তোমার বাঁশির সুরে
তোমার আশিষ পেয়ে
আমার মন গিয়েছে ভরে।

****

৪5 সুখ ও স্বপ্ন

স্বপ্ন যেমন স্বপ্নে থাকে
যায় না তাকে ধরা
সুখও তাই হাওয়ায় ভাসে
যায় না তাকে পাওয়া।

তুমি আমি ছুটছি সবাই
সুখের পিছে পিছে
তবুও তাকে যায় না পাওয়া
সব কিছু হয় মিছে।

সুখটাকে তাই পেতে গেলে
মনকে করো উদার
দেখবে সুখে ভরে আছে
তোমার মনের ভাঁড়ার।

কিছু স্বপন অতি মধুর
সুখকে ক্ষণিক আনে
কিছু স্বপন থাকুক না হয়
নিজের মনের কোণে।

সুখ ও স্বপন মিলে মিশে
ধরবে যখন হাত
সবার মন ভরবে সুখে
আনবে সুপ্রভাত।

****

৪6 ধ্রুবতারা

আমার আকাশ তারায় ভরা
জোছনা গিয়েছে সরে
তোমার আকাশ জোছনায় ভরা
তাইতো রয়েছি দূরে।

একই আকাশেতে ভেসে যাই মোরা
সময়ের হাত ধরে
তবুও মোদের হয়নি কথা
চিনিলেনা তাই মোরে।

তোমার জোছনা বলয়ের মাঝে
পড়ে গেছি আমি ঢাকা
তাইতো তুমি পাওনি দেখিতে
রয়ে গেনু তাই একা।

তোমার বিহনে আকাশ যখন
ভরে যায় মিসকালোয়
নাবিকেরা তখন খুঁজে নেয় পথ
আমার দেখানো আলোয়।

এই ভাবে মোরা যুগযুগ ধরে
আকাশ ভেলায় চড়ে
বয়ে গেছি তবু কওনি কথা
একটি বারের তরে।

তোমার আলোয় তুমি গরবিনী
দেখিতে পাওনা তাই
আমার আলোয় নেই উজ্বলা
পিছনে থাকি সদাই।

****

৪7 তরীখানি

কোন সকালে জীবন তরী
ভাসিয়ে ছিনু আমি
আজও সেটি হেলে দুলে
চলছে ভাটায় টানি।

জীবন নদীর স্রোতের টানে
জীবন তরী ভাসে
নিকষ কালো রাতের আকাশে
মিটিমিটি তারা হাসে।

চলছে তরী আপন বেগে
কোন ঠিকানায় যায়
আমার হাতে নেইকো যে ভার
সে নিরুদ্দেশে ধায়।

মাঝে মাঝে ঢেউয়ের দোলায়
ভীষণ তরী দোলে
এই বুঝি মোর তরী খানি
ডুবলো গভীর জলে।

এইভাবেই যে ভেসে থাকি
জীবন নদীর উপর
একুল এখন অতীত হয়েছে
ঝাপসা ওকুল ঘর।

****

৪৪ আজকের দেবভূমি

সেভাবে আর পুণ্যভূমি
দেখিতে পাবে না তুমি
সব জায়গায় ব্যবসা এখন
ব্যবসাই স্বর্গ ভূমি।

দেবতারা সব পণ্য হয়েছেন
কি আর করিবে তুমি
ব্যবসায়ীরাই দেবতার সাথে
করেছে চুক্তি খানি।

চারিদিকে আজ হাহাকার
তাই বিশ্বাস গিয়েছে উড়ে
অট্টহাসি ওরাই হাসে
সমাজ গিয়াছে পুড়ে।

আমরা এখন বিশ্বাসহীন
সমাজে করি যে বাস
তুমি আমি আজ দাবার ঘুঁটি
খেলা চলিতেছে বারোমাস।

দুঃখ শুধু রয়ে গেলো মোর
এই অবেলায় এসে
স্বর্গ হেথায় হলো নাকো আর
হয়ে গেলো নরক শেষে।

****

৪৭ হলদেটে স্মৃতি

বিদায় বেলায় বলে ছিলে
বন্ধু তুমি আসবে ফিরে
ভুলে গেছো পথটি তোমার
ফিরলে না তাই এই কুটিরে।

তাইতো তোমায় খুঁজে ফিরি
দিনের শেষে তারার আলোয়
আকাশ প্রদীপ জ্বেলে রাখি
ফেরো যদি তোমার আলয়।

গোধূলিকে আগলে রাখি
বুকের মাঝে আলতো করে
ফিরতে যদি না চাও তুমি
দেখা হবে সিন্ধু পারে।

তাইতো আমি এমনি করেই
রইবো বসে প্রদীপ জ্বেলে
ক্ষনিকের ভালো বেসেছিলে
চিরকালের নাইবা হলে।

****

90 ক্লান্ত

শ্রান্ত ক্লান্ত ভীষণ আমি
দিনের শেষে এসে
রক্ত ক্ষরণ হয়েছে অনেক
জীবন গাঙে ভেসে।

আমার আমি হারিয়ে গেছে
কোন ঠিকানার পরে
সে যে অনেক দূরে
আমার কাছেই আমি এখন
হয়েছি ভবঘুরে।

রংগুলো সব পাল্টে গেছে
ধূসর লাগে সবই
আগে পিছে যায় না দেখা
একাই বসে ভাবি।

****

91 জীবন গণিত

জীবন খানি গণিতের মতো
মিলে গেলেই খুশি
ভুল হলে জীবন তোমায়
দেবেই কিল ঘুষি।

আনন্দ যখন "যোগ" করে
হতাশ করে "বিয়োগ"
"গুণ" তখন বাড়ায় খুশি
আনে দারুন সুযোগ।

"ভাগ" এর বেলায় ভাগশেষ
তাই না থাকলে পরে
জীবন তখন আনন্দেতে
কানায় কানায় ভরে।

সব পেয়েছি ভেবে যখন
সব কিছু যাই ভুলে
"ধ্রুবক" গুলি তখন দেখি
দাঁড়িয়েছে হাত তুলে।

তাই সুন্দর এক "সমীকরণ"
জীবন যখন গড়ে
জীবন তখন জীবনের " মান "
ভালই প্রকাশ করে।

****

92 বিরহ মিলন

দিনের বেলায় খর তাপে
কলহ করি তোমার সাথে
রাত্রিতে বিরহ কাজল
টানি আমি আঁখি পাতে।

বিরহ মিলন যুগের খেলা
যুগ যুগ ধরে আসছে চলে
সেই বিরহে মহাদেবও
বুক পেতে দেয় চরণতলে।

বিশ্বজুড়ে সুর সাগরে
উঠছে কেবল সুরের ঢেউ
বিরহ মিলন একই সুরে
গাইছে আবার কেউ কেউ।

সুরের দোলায় বিরহ ভেলায়
কেউ যদি ভেসে যায় চলে
তাকে আবার আসতে হবে
সুন্দর এই ধরাতলে।

****

93 জীবন সাঁকো

জীবন নদীর জীবন সাঁকো
একটু হাওয়ায় দুলতে থাকে
ভাবছো মনে কেমন করে
রাখবে তুমি আগলে তাকে।

ঝড় ঝঞ্ঝা এলে পরে
বুক চিতিয়ে আটকে রাখো
কিছুটা তাকেও করতে দাও
যাকে মনের সাথে আটকে রাখো।

সব কিছু কি একাই ভাববে
তাকেও কিছু ভাবতে দাও
নইলে তোমার ঠুনকো সাঁকো
ভাঙ্গবে শেষে জানবে তাও।

যাকে তুমি ভালোবেসে
সব কিছু দাও উজাড় করে
তুমি বিনা সেও কি তাই
ভালোবাসে তেমনি করে।

তাই মাঝে মাঝেই থাকতে হবে
একটু দূরে একটু সরে
দেখই না সে কেমন করে
হয় সে ব্যাকুল তোমার তরে।

যখন তুমি জীবন সেতু
বাঁধতে থাকো আবেগ ঢেলে
তখন তাকেও থাকতে হবে
তোমার পাশে দু হাত মেলে।

ভালোবাসাই জীবন সাঁকো
ভালোবাসায় থাকবে সে যে
রাখতে তারে পারবে নাকো
শুধুই কেবল আবেগ ঢেলে।

****

94 বাঙালির খ্রীষ্টমাস

হুয়িস্কি খেতে শিখেছে বাঙ্গালী
কয়েক পেগ গিয়েছে পেটে
তাতেই তার চোখ ঢুলু ঢুলু
বোতল নিয়ে হাঠছে পথে।

বর্ষ শেষে বাঙালির ঢল
নেমেছে আজ পার্ক স্ট্রিটে
হাসির জোয়ারে উঠছে যে ঢেউ
ঢলে পরে এ ওর পিঠে।

সেলফি তুলতে ব্যাস্ত সবাই
বিভিন্ন পোজ ধারণ করে
যার সাথে আজ তুলছে ছবি
কালকে যাবে তাকেই ছেড়ে।

সাহেবরা যত না মাতামাতি করে
শতগুণ করি মোরা
আমরা বাঙ্গালী সাহেব সেজেছি
সাহেবের থেকে বাড়া।

রাত শেষ হলে বীরের মতো
নিজের বাড়িতে আসে
বীর পুঙ্গব ফিরেছে আজি
রাজ্য জয়ের শেষে।

****

95 ভোরের বেলা

আঁধার কেটে আলোর মেলা
উঠলো ফুটে প্রভাত বেলা
পাখিরা সব উঠলো জেগে
গাছের ডালে করছে খেলা।

ঘুম ভাঙাবে বলে তোমার
গান ধরেছে মিষ্টি সুরে
এবার তুমি উঠে পড়ো
আলস্য সব ঝেড়ে ফেলে।

দিনের আলো বলছে ডেকে
আর কতক্ষণ থাকবো বসে
যাচ্ছে ফিরে অভিমানে
তোমার দুয়ার ছুঁয়ে শেষে।

চারিদিকে ফুলের মেলা
তার সুবাসে গেছে ভরে
প্রজাপতির রঙিন ডানা
রঙ ঝরিয়ে যাচ্ছে উড়ে।

****

96 শুধুই কল্পনা

আকাশে আজ মেঘ জমেছে
চাঁদ পড়েছে ঢাকা
শুধু শুধুই আড়াল করে
জোছনাকে রাখা।

ঘুম আসেনি তাইতো আমি
শুধুই জেগে থাকি
কল্পনাতে চাঁদের বুকে
তোমার ছবি আঁকি।

ঝিঁঝিরা সব গান ধরেছে
তোমায় ভালোবেসে
কুটুরে পেঁচা তবলা বাজায়
গাছের ডালে বসে।

নাম না জানা কোন সে পাখি
উঠলো হঠাৎ ডেকে
মেঘের ফাঁকে চাঁদের আলোয়
তার প্রিয়কে দেখে।

চাঁদের বুকে মাথা রেখে
জোছনা ভেলায় চড়ি
দিচ্ছো তুমি আকাশ পাড়ি
কল্পনাতেই ধরি।

****

97 জীবন নদীর বাঁকে

একটুখানি চাওয়া আর
একটুখানি পাওয়া
তারই সাথে আনন্দেতে
জীবন তরী বাওয়া।

সব পেয়েছির আসরেতে
যারা আছো ভাই
আমার একটুখানি খুশি নিয়ে
তাদের দলে নাই।

তবুও আমি পালটি তুলে
ভাসাই জীবন তরী
মনের সুরে গান গেয়ে যাই
কাটাই বিভাবরী।

জীবন মাঝে চলতে থাকে
নানা রঙের খেলা
দামোদর দেয় না ধরা
এমনি তার লীলা।

আপন মনে হালকা ভাবে
জলকে ছুঁয়ে থাকি
ওই যে আমার ছোট্ট কুটির
আবছা মতন দেখি।

সেথায় আমার প্রিয়া বসে
বৈতরণীর ঘাটে
মিলবো আমি তারই সাথে
জীবন নদীর বাঁকে।

****

৭৪ গোধূলি লগনে

বহুদিন পরে সখা
দেখা হলো দুজনে
উচ্ছ্বাসে ভেসে যায়
বলে কথা নয়নে।

প্রাণখুলে কথা হোক
নিরিবিলি এই ক্ষনে
ঝাপসা ছবি গুলো
ভেসে আসুক পরাণে।

দূরভাষে সুর আসে
ছিলো ঋতু মায়াবী
স্বপ্নের রঙ গুলো
ছিলো সব খেয়ালি।

আঁকিবুকি লেখা থাক
থাক লেখা মননে
দুজনেই কথা হারা
গোধূলি এই লগনে।

আঁকাবাঁকা পথ শুধু
চলে গেছে বহুদূর
দুজনেরই প্রাণে বাজে
পুরোনো সেই মেঠো সুর।

****

99 রংচটা স্মৃতি

পুরোনো দিনের মধুর স্মৃতি
কি হবে আর টেনে এনে
মনের কোণেতে ক্ষরণ ঝরিয়ে
ব্যাথা ওঠে শুধু আজ প্রাণে।

বহুদূরে আজ এসে গেছি মোরা
জীবনের জটিল পথ ধরে
ভালোলাগা দিন ভালোবাসা সব
পিছনে এসেছি আজ ছেড়ে।

বাগানে তখন ফুটেছিলো ফুল
নানা রঙের নানা গন্ধে
মনের কোণেতে ছিলো কতো প্রেম
দুলেছিলো নানা ছন্দে।

কতো যে রঙিন স্বপ্নগুলো
এঁকে গেছি মনের ক্যানভাসে
তেলচিটে সেই ক্যানভাস গুলো
ছিঁড়ে পরে আছে একপাশে।

তবুও খানিক ভালো লাগে দেখে
পুরোনো দিনের ফুলগুলো
রংচটা হয়ে ঝুলে আছে তারা
সে সব দিনের স্মৃতি গুলো।

****

100 বালুচরে

জীবনের বালুচরে মোর ছোট ঘরে
স্বপ্নের দড়ি দিয়ে বেঁধে রাখি তারে।

শান্তির জল এসে খেলা করে যেথা
ভালোবাসার তরীখানি ভেসে থাকে সেথা।

পাখিদের মেলা বসে সেই বালুচরে
খুশিতে উতলা নদী ঢেউ তোলে পাড়ে।

সুবাতাস বয়ে চলে সেই খ'ড়ো ঘরে
সকালের সোনা আলো টোকা দেয় দোরে।

গোধূলিতে নানা রঙে আকাশের সাজ
নদী জলে ছায়া ভাসে মনে হয় তাজ।

সন্ধ্যামণি ফুল ফোটে উঠানের কোণে
মুলতানি রাগে সুর খেলে যায় মনে।

ঘন হয়ে রাত্রি ডোবে নদী জলে
সুখ বুকে বালুচরে নিশি যাপন চলে।

****

101 ঝর্না

পাহাড়ের কোলে জন্ম নিয়েই
উচ্ছাসে সে ছুটতে থাকে
গিরিরাজ পিতা যে তার
আটকাতে যায় কন্যাটাকে।

ছটফটে ওই কন্যা তখন
শতধারায় ছড়িয়ে পড়ে
খেলছে সে যে লুকোচুরি
পিতার সাথে হাস্য করে।

শ্রান্ত ক্লান্ত বৃদ্ধ পিতা
দেখছে বসে মেয়েকে ছেড়ে
মনে মনে হয় সে খুশি
মেয়ে যে তার উঠছে বেড়ে।

তনুভরা যৌবন নিয়ে
ছুটতে থাকে পাথর চিরে
মনে তখন প্রেমের নেশা
গিরিখাতে লাফিয়ে পড়ে।

বৃদ্ধ পিতা কাতর স্বরে
বলছে ডেকে ঝর্না ওরে
আয় ফিরে আয় আমার কোলে
যাস না চলে আমায় ছেড়ে।

কন্যা বলে যাচ্ছি আমি
সিন্ধু প্রেমিক ডাকছে মোরে
আবার আমি আসবো ফিরে
মেঘটি হয়ে তোমার ঘরে।

ঝরবো আমি তোমার কোলেই
আদর খাবো জড়িয়ে ধরে
বাপ বেটির এই লুকোচুরি
চলছে খেলা যুগের পরে।

****

www.ingramcontent.com/pod-product-compliance
Lightning Source LLC
LaVergne TN
LVHW061550070526
838199LV00077B/6989
* 9 7 8 9 3 5 9 8 9 4 6 2 1 *